Dat
Grote
Matjesvergnögen

beklöönt un bebillert

vun

Waltrud Bruhn

Gewidmet

Sei's den Lieben,
Die sich im Kochen üben,*

Den Banausen,
Die sich vor Matjes grausen,

Allen Treuen,
Die sich am Platt noch freuen,

Nicht nur Damen,
Die mal nach Glückstadt kamen,

Auch den Weisen,
Die mit Genuß gern speisen.

*Mien Süßer un mien Dochter!

Glückstadt, im Mai 1974

ch glaube, sie sind eng miteinander
verwandt, die Nixen und die Matjes —
wie wäre es sonst wohl zu erklären,
daß der einfache Hering sich im Frühsommer
unvermutet zart und delikat, rahmsanft
und herbwürzig —   eben:
lieblich und keck wie eine Nixe geben kann?
Man möchte es glauben, weil es so hübsch wäre
und weil tatsächlich beides Jungfrauen sind,
(zwischen den Matjes unvermeidlich auch einige
Meerjunker, keck und noch ganz grün
hinter den Oh —, nein, Flossen).

Man weiß es natürlich besser:
Matjes sind die jungen Heringe,
die vor ihrer ersten Laichzeit gefischt werden;
sie schmecken deshalb so besonders zart.
Doch da fehlt noch etwas sehr Wichtiges:
Sie müssen gleich nach dem Fang „gekehlt“,
das heißt, fachmännisch geschlachtet werden,
in große „Kantjes“ — Holztonnen —
gepackt und lagenweis’ mit Salz vermischt werden.

Eingeweihte wissen auch von dem Endchen Darm,
das jeder Matjes behalten muß ...

Das Mengenverhältnis von Salz und Heringen
ist ein eigenes Rezept, fast ein geheimes,
das den Holländern und uns viel Glück
gebracht hat. Denn mit der Lagerung im rechten
Salzkonzentrat erhält der gekehlte Hering
seine Feinheit — bei zu starker Salzung
wird er zu scharf, so daß er wieder in die Nähe
vom gemeinen Vetter Salzhering mit all' seinem
grobschlächtigen Heringsgeschmack rückt.

Der Matjeshering ist nach der Ankunft
der Logger so zart und fein im Geschmack
und in der Konsistenz, daß er außer
der Tiefkühlung keine längere Lagerung verträgt
und sehr sorgsam behandelt werden möchte,
damit zwei schlanke, rahmige Filets
und nicht butterweiche Fetzen zur weiteren
Zubereitung auf der Platte liegen.
Diese rahmzarte Köstlichkeit mit dem feinen
Hauch Nordsee (der zum Sturm auf die Nase
ansetzen kann, hat man es mit großen Portionen
zu tun), erfährt in den Niederlanden jedes Jahr
wieder große Ehre durch die königliche Familie,
habe ich mir sagen lassen:
Die ersten, im Wettlauf der Logger
angelandeten Matjes werden — samt Kapitän,
vermute ich — in Audienz empfangen.
Dort haben sie dann allerlei zu sagen;
wenn sie auch nichts mehr sagen können.

Dort in den Niederlanden — nur dort?
Ihre beredte Stummheit bringt manchenorts
etliche Küchenzettel zum Zittern und füllt
andernorts etliche Küchenzettel mit neuen Ideen.

Gewiß gilt das auch für die Glückstädter.
Hier läßt sich noch ein ganz besonderer Vers auf
Matjes machen:

En Stremel över Matjes

Dick oder platt,
Fett oder natt,
Groff oder fien —
man echt mööt se sien!

Un dat will ik di denn man verklaren, mien Deern:
Op 'n Boddermarkt hebbt se dree Kantjes.
Dat een is vull mit „Hollandsche Matjes" för de
Butenlänners un för de, so man bloots Delikatessen kööpt.
In dat tweete Kantje sünd de Soltheern binnen för de
ganz groten Dööskööp. (Un du kannst di vermoden,
düt Kantje is an'n Enn vun 't Jahr ok lerrig!)
In dat drütte Kantje, dor sünd de „Echten" binnen.
Du weetst, mien Deern, dat sünd „De echten Glückstädter".
Un dat Slag is för 'n echte Glückstädter Tung
datsülvige as Kaviar in en gullen Schöttel för den
Schah vun Persia.
Düsse Rariteeten warrt so suutje sowat as Nachtigallen
bi de Eskimos. Vun Jahr to Jahr hebbt de Fischerslüüd
dor weniger vun in ehr Netten binnen. Un jüst vun
düsse Rariteeten will ik di wat vertellen.
Över de erste Sort laat man de Hollänners snacken;
an de tweete Sort laat man de Döösbartels ehr Vergnögen.
Man över „De Echten" wüllt wi nu düssen Avend
sinnig wiedersnacken:

In 't Vörjahr huult uns Loggers ut 'n Haven af:
„Hermod" seilt af, „Wotan" seilt af un de annern groten,
olen Loggers. De harrn dor ünner 't Huus vun de
Heernfischeree an'e Brüch legen. Kiek dor, vör dat breede
Admiralshuus mit de smucke Poort ut König Christian
den Veerden sien Tieden. Nu tuckert se denn swatt un
grootmächtig dörch de Slüüs, na 'n Butenhaven un
denn na de Elv, maakt ehr luuthalsig „Tuut!"
fröh an 'n Dag, dat 't dörch den Nevel gröhlt —
un blifft 'n paar Weeken op See. Hoch baven
in 'e Noordsee seilt se rüm bi Storm un Küll un jachen mit
ehr Schipp vull lerrig Kantjes achter de Heern ran.
Un, wenn se Glück hebbt, kaamt se heel torüch, all ehr
Kantjes vull mit de feinsten Matjes!

8

Dat is 'n Dag to 'n Fiern! Un ik segg di, wi fiert dat ok:

All de Deerns un Bengels loopt na 'n Haven rut.
De Schölerkapell maakt „Taatü — Pieperie — Wum —
Pum — Pum!". De söte Glückstädter Fortuna zappelt
op de blaue Flagg vull Vergnögen. De Omas schuuvt ehr
lütt Enkelkinners dütmal dorlangs. Un de Opas
mit Knösel un Schippermütz stoht dor op ehr olen Been,
höögt sik un kiekt na den Logger in de Sünn.

„Juchhee — de Fischeree!"
Dor kümmt de dicke schruterige „Wotan" an,
keen beten Farv mehr an 'n Liev, ganz bruun vun dat veele
Soltwater. Un stinken deiht he! Na Motorööl un
Teer un Sweet un ik weet nich wat. Man he kümmt an,
de Dicke, as 'n Herr Senater vull Rootspohn,
heel gediegen in 'n bruunen Frack, de Boß vull vun Ordens
un Plackmatikeln in Blau, Witt un Root. Wat dat in 'n
Wind klimpert un plimpert! Dat is di 'n Högen!
De Kaptein hett 'n Sünndagskapteinsantog an
un lett den olen Logger „Tuut!" bölken un denn an 'e
Brüch fastmaken. De Börgermeister seggt 'n Stremel
„Gralleer = ok" — he steiht je ok mit de Matjes op „Du".
De Minister geiht an Boord. De Fischmeister kloppt nu
en Kantje op. Un: „Taatü — Pieperie —!"
Dor bitt de Minister an un de Reeder, denn de
Börgermeister un de Magistraat.
„Lüüd! Wat 'n goden Smack!
De Matjes düt Jahr sünd exzellent!",
roopt de vun 't Schipp. Un ik glööv, se höört in düssen
Oogenblick de Engels in 'n Heven singen — soveel Solt,
as se dor in 't Muul hebbt, alltohopen, de Minister,
de Börgermeister un de heele Magistraat!

Nu duuert dat man bloots twee, dree Daag,
dennso hebbt de eersten Glückstädter Madams ehr
Matjesschöttel op 'n Disch. Un de eerste Pott vull Matjes
geiht af na Hans=Unkel in Kiel. (Un in Gedanken geiht
Jahr för Jahr en lütt Kantje af na Amerika för den
leeven olen Unkel Frederick. Geiht aver nich,
wi wöllt Friech=Unkel je nich vergiften!)

Ik bün je ok en vun de Glückstädter Madams.
Un denn sitt ik dor — batz; vundaag mit'n Emmer vull
Matjes in 't bruune Solt.
„Na, Madam", seggt de hoge Herr,
„langt dat ok för uns Besöök?"
„Ja, ja, laat se man kamen."

Un so geiht dat Vergnögen nu los:

Ik schick de Kinner achtern Diek oder to Bett.
Ik dreih de Bimmel af.
Ik smiet dat Telefon achter 't Sofa.
Ik sing mi en un gah na Köök.
        För 'n Dreestünnstiet.

Dor bruuk ik:

Fief grote Zeitungen op 'n Disch, en ool lütt Holtbrett,
en Kantüffelmeß, en Rull Kökenpapier, de grote,
gröne Kökenschört. Un 'n olen Plastikbüdel as Ünnerlaag
för de Matjes is ok nienich verkehrt.
Nu kann en noch överleggen. Hest noog Tiet, stickst dien
Matjes ut 'n Emmer in 'e grote Schöttel vull Water.
Laat se dor över Nacht in stinken.
„Auswässern“ heet dat.
Denn hebbt se ehr Tiet in Water legen.

Den annern Dag kriegt wi de Matjes bi 'n Slafitten:
Se warrt afdröögt mit Kökenpapier.
Nu nimm se ut, mien Deern!
En Matjes in 'e linke Hand; rechts dat Kantüffelmeß un
ratsch! den Buuk opsneeden. Hool dat lütt Tütelkraam
dor rut. Treck em de Huut över 'n Steert.
Nu legg em op dien Holtbrett un schuuv en Filetsiet —
vun 'n Kopp na 'n Steert — vun den groten Graden af.
Dreih den Düvel üm un schuuv dat tweete Filet af —
jümmers vun 'n Kopp na 'n Steert.
Jüst so dat tweete..., dat drütte..., dat veerte...,
dat föffte..., dat sößte..., dat söbente..., dat achte...,
dat neegente..., dat teinte..., dat twintigste...,
dat dörtigste..., dat veerdigste — Slut!
Nu hest noog för tein ole Glückstädter op Matjesbesöök.

So, mien Deern, nu kannst all de Filets för 'n Stünnstiet
oder 'n Dreestünnstiet in veel Boddermelk smieten.
Dor liggt de Matjes en bi 'n annern as Eva in 't Paradies:
Se blievt week un warrt fien, oh wat fien!
Hett Madam nu an allens dacht? Ja?

De heelen Matjes twölf oder tein Stünnen in Water leggen;
de Filets dree Stünnen in Boddermelk — seggt Madam.
Twee Stünnen in Water un een Stünn in Boddermelk —
seggt de Lüüd vun de Heernfischeree — dien Beer un Kööm
smecken ok goot!

12

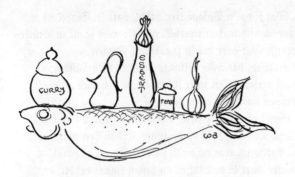

Nu, Madam, nu lang man rin in dien Spieskamer
un fök di dor wat rut:
Lütt Büdels un Glöös un Afteikertüten vull dröög Kruut
un Pulver ut 'n Orient, ut dien eegen Gaarn un vun 'n
Boddermarkt; Majonees ut Frankriek;
Öl ut Spanien ...
All dat, wat Schippers un Hannelslüüd
tosomenbröcht hebbt, dat is ok goot för dien Matjes.
Man bloots nich vergeten: Boddermelk, Joghurt un
söten Rohm schöllt keen wiede Reis maken.
De fünd op 't best vun Moder Appel ehr lütt
Hökeree üm de Eck.

Oje — ik mag dat je garnich doon! Weetst doch, Deern,
ik bün en Kööksch, de nich geern vertellt,
wat se allens to 'n goot Eten bruukt.
De Lüüd oder de hoge Herr köönt fix kreihen:
„Dunnerslag, dat is di en Wief! De kann 'n Sack Dalers
in 'n Kaakpott to Moos röhren!“ Oder se seggt:
„I gitt — i gitt, wat smitt de all tohopen in een Kumm!
Dat warrt je woll smecken as Düvelspick!“
Man vun di, Deern, weet ik dat anners. Du kaakst nich mit
tobunnen Nees; du kaakst ok nich mit 'n Duumen op dien
Puttjemonuttje. Du hest je noog snaaksches Lüüch in 'e
Tasch hatt, as du ut 'n Orient torüchkeemst. Kann ween un ji
hebbt ok Slangen in 'e Wüüst braadt. Nee — nich?

Na. Wat ji op 'n Basaar eten hebbt, harr 'n Smack as
„Wi=weet=nich=wat=mit=veel=Peper" ('t weer je all in Stücken
sneeden). Wat harr dat 'n snaakschen Namen —
echt arabisch, dat weer affluuts nich uttoklamúústern,
hest mi vertellt. Dat weer, dücht mi, veel duller as nee
Reßeppen vun Matjes to prööven.
Du weetst ok, mien Deern; dat gifft duusend un veelmaal
duusend Tungen, keen as de anner. Elkeen hett wat anners
leev. Prööv ut, wat du wullt; un schriev mi ok maal,
op welke Aart di de Matjes an besten smeckt hebbt.

Nu is hüütodaags man leider nich allens en goden Matjes,
wat sik mit den goden Naam utstaffeern lett. Af un an —
un bisonners bi de Reßepten vun „Matjes ut 'e Pann" —
wiest sik leegen Kraam. Trööst di, mien Deern: Dien Re=
ßepten súnd goot; gode Matjes (de, de noch „enzymatisch
riep" worrn súnd, as ik di dat vörn op de veerde Sied vun 't
Book al verklaart heff), tje, gode Matjes muttst söken gahn,
nich blots in 't Binnenland, nu ok al an de Waterkant.

Dat gifft, segg ik di, dree Aarden vun Matjes-Eten

De mit Beer un geern 'n Kööm achterran

De mit Wien

De, de jümmers 'n Kööm nödig hebbt

To de eerste Sort: Du kannst de Matjes blank laten oder in
Suur leggen. Dat sünd de to 'n Middag-Eten mit
Soltkantüffeln, Pellkantüffeln, ok Swattbroot oder Toost
dorto — un Beer un Kööm!
Bi de Aart mit Wien kannst de Matjes in Stücken snieden
to Salat. Nu bruukst du veel utlännisch Kruut.
Düsse Matjes in 'n Salat un gooden witten Wien to
(nich to sööt!) — dat kannst dien Besöök jümmers anbeden!
De drütte Aart vun Matjes-Eten avers: Du kannst
Matjes ok in 'e Pann leggen un na 'n lütte Tiet ut 'n hitten
Backaven halen. De hebbt nu en ganz neen Smack
un sünd goot för Lüüd, de al veel Matjes eten hebbt
un noch veel mehr eten wüllt un jümmers ehr 'n Lütten
achterran nehmen doot.

Du weetst ja: So weer dat mit uns Deerns vun de Geest —
so merren twüschen Noord- un Oostsee. Wi hebbt all uns
Kinnertiet „Matjes" kregen in 'n Sommer. Un „Hu!",
wat weer dat en gresig Solteten för de lütten Dinger!
Moder see jümmers: „Nu, Kinners, nu is de rechte Tiet,
nu sünd se heel goot; wi wüllt mal wedder Matjes eten."
Man wi beiden Deerns muchen se gar nich, de olen Soltdinger,
de! As ik dörtein weer un al 'n beten nücksch, see ik:
„Nee, Moder, nee. Keen Matjes nich; giff du mi man
'n lütten suurn Heern." Man de suur Heern weer ok keen
Vergnögen för mi, wieldat ik jümmers Buukkniepen kreeg

15

vun Etig un all suur Eten. Tja — dat weer dat:
Buukkniepen vun 'n suur Heern weer nich so böös as
Buukknarren vun de gresigen Matjes.

Nu heff ik dat avers rut: Dat weren nich bloots „Lüüd vun
'e Geest". Nee! Dat weren ok „Matjes vun 'e Geest".
Wi weren je woll to wied af vun 'n Blanken Hans, dat uns
Moder nienich op 'n Gedanken keem, de „Soltmatjes"
in 'n groten Pott vull Water to smieten. Wat 'n Glück,
dat wi dor op de Geest de besten Kantüffeln harrn,
schöön mehlig un mild. Sünst harr dat je noch 'n groot Malöör
geben kunnt mit den lütten Buuk!

Na, nu bün ik je keen Deern mehr, nu bün ik je de Madam
vun 'n hogen Herrn an 'e Westküst. Twee Jahr heff ik de
Loggers un de Kantjes vull Matjes vör de Nees hatt
un heff ok so 'n beten den Ruch vun Matjes in 'e Nees kregen —
bit dat ok in mien Koop keem: Dat kann je nich angahn!
So 'n Barg Matjes in 'n Haven, op 'n Boddermarkt un in
de Weertshüüs un all bloots 'n Barg Schiet mit Solt?
Nee, nee. Ik heff dor un dor in 'e Schötteln keken, dor un dor
in 'e Böker leest, mit den Weert vun 'n Raatskeller heff ik
snackt un heff so suutje allens pröövt un mi dat
utklamüüstert.

Na, de drütte Sommerstiet, dor weer ik dat wiesworrn,
wat 'n goot Sellschop de Matjes sünd; wat'n goot Sellschop
vun Kruut un Rohm se nödig hebbt för 't Eten; un wat 'n
goot Sellschop se tosamenbringt, jümmers, wenn se op 'n
Disch kaamt. Dat sünd heel vergnögt Lüüd, de dor bi 't
Matjes=Eten sitten doot. Se snackt un lacht un vertellt vun
düt un dat — un se köönt eten un eten un eten!
Ik weet man blots dree, de dar nix vun weten wüllt:
Dat is een Madam, de man blots Köömenkees itt;
een anner, de jüst so as 'n Bessensteel is un dat ok blieven
will un denn — uns Moder.
Tja, de hett sik op de Geest an den solten („Geest"=) Matjes
woll so 'n beten vergift. Se kann de „olen Düvels"
nich mehr rüken. 'n Jammer is dat je man, nich?

16

Matjes un Beer,
mit 'n Kööm achterher

Nu paß op!

Matjes un Gröne Bohnen
mit Speckstipp un Kantüffeln

Nun Matjes mit Bohnen un Speckstipp
will ik di warrafdi nix vörpreestern.
Dat gifft je woll in de wiede Masch un an de Waterkant
keen Fru und keen Deern,
de ehr Nees niemaal över 'n Pott mit Bohnen un
Speckstipp steken hett, den Töller mit Matjes blangbi.
Un Pedersill mutt op de Bohnen un Zippelschieven möten
över de blanken Matjes, dat weet wi all.
Fröhkantüffeln ut 'n Gaarn sünd nödig
(Bi uns hier an 'n Rhin hebbt se de allerfröhsten,
de „Glückstädter", de sünd de besten Frünnen
vun uns Matjes). Un tolezt de brune Bodder nich vergeten!

Man nu will ik di ganz liesen wat verraden:
Hett de hoge Herr 'n Katenschinken in dien Spieskamer?
Dennso snied di dar man en Knast vun 'n witten Speck af,
ok 'n lütten Happen vun 'n Schinken.
Dat is veel beter as Speck vun Slachters Swien.
Doo dat, tosamen mit gele Bodder, in en Pott!
Du weetst woll, wat 'n Festeten dat is,
ok an 'n Dünnersdag oder an 'n Düvelsdag!
Du bruukst wiß twee Pund gröne Bohnen för düt Eten,
'n half Pund gode Bodder,
ok 'n half Pund fiensnippelt Speck ut 'n Speckbüdel,
dorto 'n beten Schinken;
man: een Strüüschen Pedersill
un twee Zippeln sünd al noog.

Legg dien Matjes för 'n Stünnstiet op Jes —
un denn kunkeleer ik op den lütten Krüschan,
wat he mi to 'n Eten laden schall, wenn ji man blots
dree an 'n Middagsdisch to sitten hebbt.

Bi düt Eten will ik geern mithölpen!
Dat Beer is doch köhlig? Dien Kööm ok?
Hest du noch en Buddel Zitronenbruus?
Denn giff man half Beer un half Bruus in 'e Glöös —
dat is denn „Alsterwater".

MATJES, GRÜNE BOHNEN, SPECKSOSSE UND KARTOFFELN

8 (und mehr!) Matjesfilets, gewässert,
2 Pfund grüne Bohnen,
1 Bund Petersilie,
½ Pfund Butter,
½ Pfund Speck, geräuchert,
2 Zwiebeln.

Friedags-Eten

Acht Matjesfilets, de ehr Tiet
in Water legen hebbt,
dreeverdel Pund Quark,
'n beten Melk un
söten Rohm,
een Zippel,
een Strüüschen Beeschlook,
'n Druppen Zitronensapp.

En Tomaat kannst opsnieden un as rode Bloom
op den witten Quark leggen

All Lüüd rundüm hebbt Pellkantüffeln dorto

De Filets mußt op Ies leggen

Nu röhr den Quark, de Melk un den söten Rohm
fix to 'n weeken Brie. Den Beeschlook un de Zippeln
mußt in lütte Stücken snieden;
toletzt röhr 'n beten Peper, 'n beten Solt
un 'n paar Druppen Zitronensapp to.

MATJES MIT QUARK

8 Matjesfilets, gewässert,
¾ Pfund Quark,
etwas Milch,
etwas Sahne,
1 Zwiebel,
1 Bund Schnittlauch,
Zitronensaft

1 Tomate zum Garnieren

Pellkartoffeln.

Matjes, Mark un söten Rohm

Ik weet, Deern, du magst ok geern
    Karpenfisch mit Mark un söten Rohm.
Jo, dat is 'n groot Eten to Niejahr. Man glöov mi:
Matjes, Mark un söten Rohm — dat is 'n Eten
in de köhlige Sommertiet, wenn du op Sünnenschien
töövst oder op 'n goot Belevnis …
Süh, so kannst dat kriegen:
Segg 'n paar Frünnen, wat se kamen schüllt.
Gah na dien Köök. Röhr 'n Barg
Schuum vun den söten Rohm, denn röhr vörsichtig
den Mark ünner un 'n Druppen Zitronensapp.
Kaak 'n Pott vull Soltkantüffeln week
un plück 'n Strüüschen Pedersill in 'n Gaarn.
Toletzt leggst noch Zitronenstücken to 'n Utdrücken blangenbi
Hest allens praat?
Acht Matjesfilets, de schüllt ehr Tiet in Water liggen.
Denn mußt se op Jes leggen.

Een half Liter söten Rohm,
een Büdel Mark, een Zitroon

Soltkantüffeln

Een Strüüschen Pedersill,
'n beten swatten dütschen Kaviar,
snied een Zitroon in Tachentel,
dat se all sik wat vun den Sapp utdrücken köönt.

MATJES MIT MEERRETTICHSAHNE

8 Matjesfilets, gewässert,
½ Pfund süße Sahne, steifgeschlagen,
1 Beutel Meerrettich,
etwas Zitronensaft

Salzkartoffeln

1 Bund Petersilie,
ein wenig deutschen Kaviar zum Garnieren,
Zitronenachtel.

Matjes in Suurrohm

Acht Matjesfilets, de ehr Tiet
in Water legen hebbt,
Een veerdel Pund Suurrohm,
een lütt Pott vull Joghurt,
twee suur Appeln,
dree suur Gorken,
een Zippel,
Peper,
twee Löpel söten Rohmschuum

Een Koppsalat

Soltkantüffeln oder Kantüffelbrie

Snippel de Appeln, de Gorken und de Zippel
in lütte Stücken.
Nu röhr di den söten Rohm,
den Joghurt un 'n beten Peper
in 'e Schöttel.
Dat allens warrt mit Matjes tohopenröhrt.
Legg dien Schöttel mit gröön Salatblääd ut.
Nu kümmt dor dien Matjessalat op.

24

MATJES IN SAUERRAHM

8 Matjesfilets, gewässert,
¼ Pfund Sauerrahm,
1 Becher Vollmilchjoghurt,
2 saure Äpfel,
3 Gewürzgurken,
1 Zwiebel,
Pfeffer,
2 Eßlöffel steifen, süßen Rahm

1 Kopfsalat

Salzkartoffeln oder Kartoffelmus.

Matjes in Suur as bi Moder Hede

Dol Moder Hede wüß wat af vun suur Matjes, oha!
    Se harr den ganzen Sommer över un ok noch
för Wiehnachtenavend ehrn Matjespott.
Kannst dat maken as Moder Hede;
hest denn jümmers echten Matjes praat för Besöök!

Sößtein Matjesfilets kannst geern bruuken.
Legg se ehr Tiet in Water.
Oder hest noch 'n grötter Kruuk ünnen in dien Kökenschapp?
För sößtein Filets kaak di en Marinaad ut:
Twee Tassen Wienetig,
veer Tassen Water,
een lütt Löpel Zucker,
twölf Peperköörn,
twölf Pimentköörn,
veer Zippeln, in Schieven,
twee Lorbeerblääd,
een Nägelnkopp.

Düsse Marinaad mutt afköhlen,
un denn över de Matjes in 'e Kruuk dormit.
Stell dien Kruuk in 'n düster Eck un recht wat koolt.

Dor sünd Braadkantüffeln jümmers goot to,
Mooskantüffeln ok oder Toost oder ok Swattbroot.

Wees man kloot un kaak ok 'n beten Marinaad för
Rode Beden. Kaak de Roden Beden week,
snied se in Schieven un legg se in en lütte Kruuk.
So heft du jümmers 'n beten Klöör in dien
Matjesschöttel, wenn di dien Pedersill verhagelt is
un dien Beeschloot utdröögt is.

MATJES IN ESSIG

16 Matjesfilets, gewässert,
2 Tassen Weinessig,
4 Tassen Wasser,
1 Teelöffel Zucker,
12 Pfefferkörner,
12 Pimentkörner,
4 Zwiebeln in Scheiben,
2 Lorbeerblätter,
1 Nelke

Diese Zutaten werden zu einer
Marinade gekocht.

Die eingelegten Matjes werden im
Steintopf kühl aufbewahrt.

Ebenso kann man eine Portion Rote Bete
marinieren und wegstellen.

Bratkartoffeln oder Muskartoffeln oder
Toast oder Schwarzbrot.

Grootvadders Matjes

Grootmoder harr acht Matjesfilets,
de ehr Tiet in Water west weern.
Twee Tassen vull utlännschen Rootwien,
de sünd dar recht wat goot to,
'n half Taß vull Wienetig oder Zitronensapp,
'n Klüten bruun Zucker, as 'n Kükenei so groot,
dree lüttje Zippeln,
acht Nägelnköpp,
(wenn du dat geern hest, legg dar man noch
dree Lorbeerblääd to; ik doo dat nich),
een Zitroon in Stücken oder in Schieven,
een Strüüschen Dillenkruut,
viellicht 'n lüerlütt beten Solt.

Sett den Pott mit Wien, Etig oder Zitronensapp op 't Füür,
Kandis kümmt ok to, de Nägelnköpp,
de Zippelschieven un de Zitronenstücken.
Allens tohopen mutt man blots 'n beten kaken.
Laat düsse Marinaad afköhlen.
Dennso rull de Filets op un stell se in 'e Schöttel.
Is de Marinaad koolt?
Denn kannst se nu över de Matjes geten.

Nu legg de smucken Dillenblääd över de Matjesrullen.

Grootvadder much dor geern un an 'n leevsten
Swattbroot to. Kannst ok Braatkantüffeln oder
Soltkantüffeln oder Toost to hebben.

Grootvadder hett jümmers seggt:
„So 'n Rootwienmatjes un denn 'n suur Braadappel
mit 'n lüerlütt beten Nägelnpulver op,
dat is dat beste, wat ik mi denken kann!"

MATJES IN ROTWEINMARINADE

8 Matjesfilets, gewässert,
2 Tassen herben Rotwein,
½ Tasse Weinessig,
1 Klümpchen braunen Kandis,
3 Zwiebeln,
8 Gewürznelken,
(3 Lorbeerblätter),
1 Zitrone, mit Schale, in Achtel oder
in Scheiben.
1 Bund Dill

Bratkartoffeln, Salzkartoffeln,
Schwarzbrot oder Toast und Butter.

Matjes in de Blöhtiet

Düt Eten is so recht wat an 'n lomigen Vörjahrsavend,
wenn du buten an 'n Haven west büst.
Hest dor vull Freid an 'e Slüüs stahn un tokeken,
wat de smucken Seilbööd leten un suutje wedder
torüchkemen un an de dicken Duukdalben fastmöken.
Dat Water is deep un düster worrn un gluckst so 'n beten
an de Muur langs. De aftakelt Bööd dümpelt
sik in 'n Slaap.
De wiede Heven dor achtern, an 'e Mole,
de glüstert as 'n Miesmussel vun binnen:
Sülvern, sülvern-geel, sülvern-rosa, sülvern-blau.
Wat warrn de Wieschen buten vör 'n Diek düster un lütt;
dat seedaut al bannig. De Ulenflucht is kamen.
Dien Nees warrt koolt. Loop na Huus un sett di dal to
'n Köppen Tee, to Broot, Botter un 'n Schöttel vull mit
Matjes vun düsse Aart: „Matjes in de Blöhtiet".
Hest 'n Avend mit veel Höög hatt, wenn du denn to
Puuch kümmst!
Dor blifft ok 'n Glüstern vun de Blöhtiet in dien Harten —
bit to 'n annern Morn.

Du bruukst to düsse Schöttel acht Matjesfilets,
de ehr Tiet in Water legen hebbt.
Nu kaak di en Marinaad vun twee oder dree Löpel vull
Wienetig, den Sapp vun een Zitroon un een Taß Water.
Dor höört ok en lütt Zippel in Schieven to,
denn dree grote Löpel vull Zucker,
'n half Taß vull Olivenööl,
een lütt Strüüschen Pedersill,
een lütt Strüüschen Beeschlook, Dillenkruut oder
'n paar Draggunblääd, wenn du Draggunn hest,
Körvel, Kappern un 'n lüerlütt beten Peper.

Kaak di twee Eier hatt un snippel dat Geele fien;
dat schall över dat Matjes=Eten streit warrn,
tosamen mit Pedersill oder Beeschlook;
un een Tomaat,
de schall ok in lütte Stücken sneden warrn
un dor to.

Dor hest du woll Graubroot to,
Swattbroot oder Toost un Botter

MATJES VINAIGRETTE

8 Matjesfilets, gewässert,
2–3 Eßlöffel Weinessig,
Saft einer Zitrone,
1 Tasse Wasser,
3 Eßlöffel Zucker,
1 kleine Zwiebel in Scheiben,
½ Tasse Olivenöl,
½ Bund Petersilie,
½ Bund Schnittlauch,
½ Bund Dill oder etwas Estragon,
etwas Kerbel,
1 Röhrchen Kapern,
Pfeffer,
evtl. etwas Salz,
1 Tomate,
2 hartgekochte Eigelb

Matjes-Takelaasch

Düsse Matjes fünd nix för 'n Taps. Se móót hoch na
baben un schüllt dor ok för 'n Tiet blieven!
Kriggst dat trecht, mien Deern? Kóóp di een Slangengork.
Schell se af un snieb se in Stücken,
so hoch as 'n Duumen.
Dat letzt Enn kannst lüttsnippeln, een afpellt Tomaat ok
un dat Geele vun twee Eier.
Kaak di 'n Marinaad vun den Sapp vun dree Zitronen
un 'n half Taß Water. Smiet dor dree Peperkóórn,
twee Nägelnköpp un 'n Stück Zitronenpell to in 'n Pott.
Is de Marinaad affköhlt, snippel dor noch 'n Strüüschen
Dillenkruut ünner un dree Blááb Gorkenkruut.
Ok dat Geele vun de Eier, de lütten Gorkenstücken
un de lüttsnippelte Tomaat schüllt in de Marinaad.

Nu dreih de Matjesfilets tosamen un stick se mit 'n lütt
Holtprickel op den Slangengorkentoorn fast.
Toletzt kümmt de Marinaad öber den Matjeshopen.
Ik glóób, Deern, du hest Gorkenkruut in dien Gaarn.
Loop fix un hol 'n lütt Strüüschen Puutoogenblomen
un wat vun de lütten Blááb.
Nu sett de lütten Blááb un so sööte blaue Blomen
baben op de Matjes rop.

Wullt Toostbroot opsnieden oder
Graubroot un Botter?
Mientwegen geiht dat ok mit Kantüffelmoos.

32

MATJES AUF GRÜNEN GURKEN

8 Matjesfilets, gewässert,
1 lange Schlangengurke,
Saft von 2–3 Zitronen,
½ Tasse Wasser,
etwas Zitronenschale,
3 Pfefferkörner,
3 Nelken,
1 Bund Dill,
1 Tomate,
2 Eigelb, hartgekocht,
3 Borretschblätter

Kleine Borretschblätter und
Borretschblüten zum Garnieren

Graubrot mit Butter oder
Kartoffelmus.

De hoge Herr bruukt ja jümmers tein Druppen för
dat ole Hart: He bruukt Konjack.
Sök di man nu veer Matjes ut,
de ok so Konjackdruppens bruukt.
Maak se as Filets trecht un legg se ehr Tiet in Water.
Nu dreih du se as dien hogen Herrn üm dien Nickfinger.
Denn sett se in dien lütte blaue Schöttel.
Legg weeke, kaakt Aprikosen blangenbi
(puul de Steen rut, segg ik di!)
un drüppel den Konjack över de Matjesrullen — mehr —
mehr — mehr! Soveel, as di dien hoge Herr weert is.
Nu tööv bit to 'n annern Avend:
Dennso maak mit dien Sprütt dor 'n Hoot
ut truschulligen söten Rohm över (keen Zucker to!)
un denn so 'n lüerlütt beten Kajennpeper bavenop.
Glööv mi, dat smeckt den hogen Herrn.
Un he dinkt foorts an sien lütt Madam,
wenn de rode Peper as 'n Dunnerslag in sien Tung bitt!

Dor itt de hoge Herr geern Knäckebroot to,
so recht wat groff un dick
un Botter bavenop.

MATJES IN COGNAC

8 Matjesfilets, gewässert,
8 Aprikosen, gedünstet, entsteint,
$^1/_8$ l steifgeschlagene süße Sahne,
Cayennepfeffer,
Cognac.
(Ist man in Eile, sollten die Aprikosen in
Wasser mit Cocnac gedünstet werden.
Die Flüssigkeit wird lauwarm über die Filets
gegossen). Die Matjesfilets werden auf
je eine Aprikose gerollt, in eine kleine
Schüssel dicht nebeneinander gestellt und mit
Cognac übergossen. Sie sollen möglichst
24 Stunden kühl gestellt werden

Zum Anrichten steife süße Sahne in Häubchen
auf jedes Matjesröllchen spritzen,
Cayennepfeffer überstreuen

Grobes Roggenknäckebrot oder
Toast und Butter.

35

Matjes un Wien

Nich vergeten, Deern:
Fief bit veeruntwintig Stünnen mööt
all düsse Matjesschötteln in dien Spieskamer blieven.
Denn sünd se goot to eten.
Dor will ik di nu vun vertellen.

Wat meenst du to:

Matjes in Körriemajonees

Dor hest du acht Matjesfilets, de ehr Tiet in Water legen hebbt. Snied all de Filets in Stücken.
Nu maak di 'n Majonees;
wat — du wißt se sülven röhren?
Denn haal di dree Eier, legg se in 'e warme Köök;
ok 'n half Pund Olivenööl vun feinste Aart.
Is allens liek warm, röhr dat Geele vun de Eier
un 'n lüerlütt beten Solt düchtig dörch,
dat 't Schuum warrt.
Nu drüppel dor so ganz suutje 'n beten Ööl to.
Mußt averst fix röhren, höörst du?
Sünst löppt di allens wedder uteneen!
Hest all dat Ööl utdrüppelt,
kannst ok een oder twee lütte Löpel vull Water todrüppeln,
denn blifft de Majonees nich so fast.
Nu bruukst du noch 'n beten Zitronensapp un
'n lüerlütt beten Peper un Solt,
dat allens goot warrt.
Nu kannst du 'n tachentel Liter söten Rohm ünnerröhren,
viellicht ok Joghurt, wenn du den leever hest.
Dor kümmt dat Körriepulver to, so twee grote Löpel vull.
Snied twee Ananasschieven ut 'e Doos in Stücken
un een Banaan.
Nu kannst du dat tohopenröhren,
tosamen mit de Matjesstücken un de Majonees.
Man vörsichtig, vörsichtig! Un nich vergeten:
Settst du düsse Matjesschöttel al düssen Morn an,
dennso is se goot vunavend.

Dat best is dor week Bottermelkbroot to
oder Toostbroot un Botter.

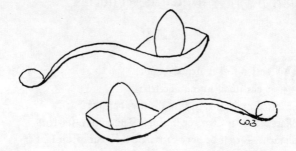

MATJES IN CURRYMAYONNAISE

8 Matjesfilets, gewässert,
etwa 250 g zarte Mayonnaise,
(2 Tassen voll),
$^1/_8$ l süße Sahne,
evtl. 1 Mageryoghurt,
2 Eßlöffel Currypulver,
1 Banane in Scheiben,
2 Ananasringe in Stiftchen geschnitten

Ananasstücke,
etwas Petersilie,
Currypulver zum Garnieren

Buttermilchbrot oder
Toast und Butter.

Matjes för 'n olen Seedüvel

Matjes för 'n olen Seedüvel,
dat schall nu nich heeten:
„Matjes un 'n stieven Grog"; nee, dat nich!
Man dat is 'n Eten för 'n starke Tung un 'n starken
Magen — seggt de hoge Herr. Ik tööv dat af un laat
düt Blatt ut mien Kaakbook rut.
Ik legg 't öllig wat deep ünnen in 't Schapp.
Man för di, Deern, kann ik 't je geern opschrieven, wat?
Hest dien acht Matjesfilets al in 't Water leggt?
Röhr 'n Stipp tosamen ut:
Dree Joghurt ut de lütten Pött, Tomaatenketschupp,
Paprikapulver un 'n Druppen Tabascopeperstipp.
Snippel nu de twee oder dree suur Paprika in Stücken
un denn de suur Oliven in lütte Schieven.
Is dien Stipp to scharp, röög dor man fix 'n Löpel
Majonees to.
Wullt düt Eten lever as 'n starken Toback so scharp,
dennso kannst dor noch spaansche Pahlmusseln ut 'e Doos
toröhren. Se sünd meist bannig scharp — recht wat för
'n olen Seedüvel!

Un achterran kann sik 'n Seedüvel denn mit goden
Geweten een annuffeln.

Oder he itt dor Tooft oder Swattbroot un Botter to,
dat he den Peper nich to dull markt.

SCHARFE MATJESMAYONNAISE

8 Matjesfilets, gewässert,
3 Trinkmilchjoghurt,
evtl. 1–2 Eßlöffel Mayonnaise zum Abmildern,
½ Glas eingelegte Paprika,
1 Glas gefüllte Oliven,
Tomatenketchup,
Paprikapulver, edelsüß,
1 Spritzer Tabasco

Olivenscheibchen und
Paprikastreifen zum Garnieren

Toast oder Schwarzbrot und Butter.

Matjes bi Madam

Madam hett vun Tiet to Tiet wat gegen ehren
Speckbuuk. Man se hett nix, affsluuts nix gegen
Matjes. Wat deiht se?
Se kööfft keen söten Rohm, ok keen suuren Rohm,
se kiekt keen Majonees an!
Nee! Se kööfft veer lütte Pött vull Joghurt.
Un koolt un suur as de is
(dat is je nu keen söten Rohm, dat nich!),
röhrt se em liesen mit veel Dillenkruut, suur Gorken,
Kappern un 'n paar Druppen Krüderessent tosamen.
Sühso.
(Af un an — wenn dor keeneen, affsluuts keeneen
tokieken deiht, knippt se sülms de Oogen to
un röhrt fix 'n Schwupps söten Rohm ünner;
aver: ganz, ganz deep na ünnen dormit!)

Legg man düchtig veel Dillenkruut
över dien „Swinnelpott".

Ji könt dor ok Swattbroot oder
Bottermelksbroot un Botter to eten.

42

FRISCHER MATJESSALAT

8 Matjesfilets, gewässert,
4–5 Magerjoghurt,
(evtl. 3 Eßlöffel geschlagene süße Sahne,
ohne Zucker),
3 Bund Dill,
3–4 kleinere Gewürzgurken,
Kapern,
1 Spritzer Kräuteressenz

Alles sehr vorsichtig unter den Joghurt mischen
Gut ziehen lassen!

Dillsträußchen zur Garnierung

Dunkles Vollkornbrot,
Bauernbrot oder
Buttermilchbrot und Butter.

Wiebkes Droom

Wat meenst dorto:
     Maak di acht Matjesfilets praat,
de ehr Tiet in Water legen hebbt.
Röhr nu twee Tassen Majonees vun fienste Aart mit
'n Taß vull söten Rohm, 'n Taß vull Ananasstücken,
'n Taß vull lütt Schampienjongs un 'n beten
Ananassapp tosamen.
Legg dor de Matjesfiletstücken to:
Dat warrt as 'n Droom.

So as de Droom, den lütt Wiebke Kruse beleevt hett.
Se, de söte Glückstädter Deern, de dor wiß=un=warrafdi
de söte Deern vun uns goden Krischan=König weer.
Kennst em doch, den mit den dicken Buuk un de grote Nees;
op de olen Biller kiekt he so klook ut sienen groten,
witten Spitzenqualler —
he weer je man ok Krischan de Veerde vun Dänmark.

't is al lang her.

Man all uns Deerns huchelt över Krischan=König,
wenn se an 'n Haven dor bi dat rode Huus
hochkieken doot un den Fleuer op den olen Toorn wieswarrt.
Dor jachtert Krischan=König af — hoch op 't grote Peer,
een Steebel an 'n Foot, op de anner Siet sockfoots ...
Madam Fru Königin weer dat wieswoorn, wat he bi sien
söte Wiebke weer ...

To 'n Schöttel vull mit de Matjes in 'e söte Majonees as
„Wiebkes Droom" warrt Toost un Botter blangenbi sett
oder ok Soltries. De Schöttel warrt smuckmaakt mit
'n paar lütt Schampienjongs un Ananasstücken.

ANANASMATJES

8 Matjesfilets, gewässert,
¼ l süße Sahne, ungeschlagen,
250 g feine Mayonnaise,
Ananassaft,
½ Dose Ananas,
½ Dose Champignons

Dieses Rezept kann gern verdoppelt werden,
es ist besonders beliebt

Den Salat gut ziehen lassen!
Mit Champignons und Ananasstücken garnieren

Toastbrot und Butter oder
frischgekochter Reis.

Margrethenpott

Fru Margrethe is je nu Königin.
Uns Kinner fünd rein narrsch west, as dat heet:
Dat gifft dor in Kopenhagen een nee Königin.
„Sühst woll!" reep mien lütte Christine.
„Heff ik dat nich al lang seggt! Dat geiht noch.
Tööv du man af, Moder, ik kann ok noch
Fru Königin warrn!"
Na, ik smuustergrien man bloots un will dat ok geern
aftöven. Un wenn dat denn doch nix warrt — na,
denn röhr ik ehr 'n Margrethenpott to ehr Hochtiet.
Dat warrt woll ehr Schoden nich ween.

Röhr 'ne gode, feine Hummermajonees mit
stieven, söten Rohm,
'n Klacks Tomaatenketschupp,
Zitronensapp, Dillenkruut, 'n beten Peper.
Asparsenstücken,
Krabben un Matjesstücken,
dat röhr allens tohopen.
Tolezt drüppel noch 'n lüerlütt beten Konjack to.

Mak den Margrethenpott recht wat smuck.
Legg 'n Krink ut Krabben un Dillenkruut un lütte
Tomaatenstücken.

To so 'n Hochtietspott höört wittes Broot to.
Du hest denn je woll Bottermelksbroot
oder Toost un Botter?
Oder kaak Ries to.

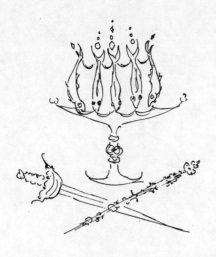

MARGRETHENSCHÜSSEL

8 Matjesfilets, gewässert,
200 g feine Mayonnaise,
¼ l steifgeschlagene süße Sahne,
Hummerpaste,
1–3 Teelöffel Tomatenketchup,
Zitronensaft,
Pfeffer,
etwas Cognac,
½ Dose Spargelspitzen,
¼–½ Pfund Krabben, geschält,
1 Bund Dill,
1 Tomate

Mit Dill, Krabben und
Tomatenachteln garnieren

Buttermilchbrot oder Toast und Butter
oder frischer Reis.

Matjes ut 'e Pann
un denn Kööm achterran

Hör ins nipp to:

Een Deel mutt ik di verklaren, mien Deern:
Kannst dreemaal dreeundörtig Maal de Matjes anners
ansetten. Dat sünd denn negenunnegentig Maal.
Man du kannst dat Malöör hebben, dat de hoge Herr na
n' grote Matjesproov bi di to di seggen deiht:
„Nee, Düvel ok! Den Kraam mag ik nich.
Heff ik so 'n Tüdelkraam al fröher mal kregen?
Nee, wiß nich!!"

Un denn hest du mit dien Matjesproov nich dat
"Feinste Gericht" hatt, nee!
denn hest du dat "Jüngste Gericht"!
Dar suust dat op di dal,
de vullen Schötteln oder de luuden Wöer.
Paß op, Deern, wat dat keen Buul op dien Harten gifft.
Dat deiht je garnich nödig.
Anner Lüüd leckt sik all tein Fingers na so 'n Matjesproov.
Un de hoge Herr — de warrt dat ok noch mal in
'n Raatskeller vörsett kriegen, mit 'n fein 'n Namen vun de
Spieskaart un 'n fründli Woort vun de smucke Krögersch
— tööv dat af.
Dor snabbelt he sien "Menu" weg. Dennso kümmt he
trüch un maakt 'n groot Weeswark üm den wunnerbaren
Smack vun de nee Matjesschöttel bi 'n Raatskellerweert.
„Leeve, Beste, dat maak man ok mal in dien Köök,
kannst dat doch jüst so goot as de olle düüre Kröger
dor ünnen." Ja, ja, gneter nich, doo dat!
Maak de nee Matjesproov fix dat tweete Maal.
Maakst je den hogen Herrn en grote Freid
un du sülms kannst wedder tofreden wesen.
Hest je Recht hatt. Hest dat je al lang weten.
Glööv mi dat:
Ok en hogen Herrn mutt sik erst maal in so 'n neen Smack
rineten. Un denn weet he op 't best,
wat för 'n grootarigen Smack dat is,
wenn he dor 'n dicken Daler för betahlt hett!

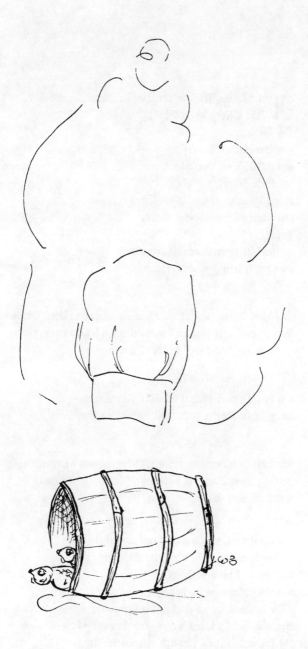

Nu fang an:

Krüderpann

Acht Matjesfilets, de ehr Tiet in Water legen hebbt.
Acht Oliven ut 'n Glas,
sööß Geeleier,
een Strüüschen Pedersill,
een Strüüschen Beeschlook,
'ne lütte Zippel,
söftig Gramm dörchwussen Speck,
een Klacks Tomaatenketschupp,
Peper,
'n lüerlütt beten Knuuvlookmoos,
vun een lütten Knuuvlookzippel.

Drögen Parmesankees mußt tolezt över de lütten Pannen
streien, dor recht wat veel vun. 'n beten Tomaatenmoos
un 'n beten Beeschlook höört ok bavenop.

Du bruukst veer lütte Pött oder Pannen,
un 'n beten Botter to 'n Utsmeeren vun dien Pött.

För düsse Krüderpann snied Vullkoornbroot af oder Toost,
un legg man Botter to; oder wißt lever Knäckebroot,
wat dull groff is?

Nu maak de lütten Krüderpannen trecht:
Snippel de Oliven in lüerlütte Stücken,
de Zippel ok un den Speck,
den Beeschlook un de Pedersill.
Röhr de Geeleier un all den lüttsnippelten Kraam tohopen.
Bruukst noch 'n beten Peper oder Knuuvlookmoos?
Nu smeer de lütten Pannen mit Botter ut,
dreih twee Filets üm dien Nickfinger,

un legg se in de Pannen;
un nu kannst dor op dat Geelei geten.
Baben streih man 'ne dicke Schicht Parmesankees,
'n beten Beeschlook un 'n Klacks Tomaatenmoos op.
Süht dat nich smuck ut un so recht to 'n Anbieten?
Stell de lütten Pannen in 'n Backaven.
Laat se binnen stahn, so för föfteihn Minuten
bi tweehunnertunföftig Graad.

MATJES MIT KRÄUTERN

8 Matjesfilets, gewässert,
8 mit Paprika gefüllte, eingelegte Oliven,
6 Eigelb,
1 Bund Petersilie,
1 Bund Schnittlauch,
1 kleine Zwiebel,
50 g durchwachsenen Speck,
etwas Tomatenketchup, Pfeffer,
1 kleine Knoblauchzehe, zerdrückt
Geriebener Parmesan zum Überstreuen,
etwas Tomatenmark,
Schnittlauchröllchen zum Garnieren.

Vollkornbrot, Toast oder
grobes Knäckebrot, Butter.

Matjes ünner 'n Botterklüten

Dor kümmt de Matjes di nu as 'n Maharadscha
mit 'n Zippelmütz: De Zippelmützen sünd dien
Botterklüten; Maharadscha warrt de Matjes vun sien
Övertrecker ut Mango=Schattneestipp oder Pepermoos.
Paß op, Deern,
laat di düt Eten nich griesmulsch ankieken!
Hal forts de Boddel Kööm, dat se wat in 'e Glöös kriegt.
Snack en beten mit dien Lüüd, dat se wat
to smuustern hebbt. Achter den Kööm is düt Eten
wiß nich to scharp un peperlännsch.
„Probeeren", Deern, „geiht över Studeeren!"
Villicht warrt se dor je wies, wat du
Mango=Schattneestipp över de Matjesfilets witschert
un de Filets üm en dröge Plumm dreiht hest.
Dat glööv mi: Jem löövt dat Water tosamen,
wenn de weeke Botterklüten ehr Tungen strakelt.

Nu fang an. Du bruukst:
Acht Matjesfilets, de ehr Tiet in Water legen hebbt.
Acht weeke, swatte Plummen,
Mangoschattneestipp
Hest 'n beten Botter för de lütten Pannen?

Toerst kaak man den Botterklüten:
Snied verdig Gramm Botter af, un röhr dor
föftig Gramm Mehl to in 'n Pott över Füer.
En tachentel Liter hitt Water kümmt dor nu to.
Röhr fix to, dat du 'n fasten Botterklüten trechtkriegst.
Lat em afföhlen, dennso röhr noch een Ei ünner
un Peper un Solt.
Stell nu den Botterklüten an 'e Siet.
Smeer op all dien Matjesfilets wat vun dien
Mangoschattneestipp.
Elkeen Filet warrt üm een swatte Plumm dreiht
un een bi een in 'e Pann oder in veer lütte Pött sett.
Deck de Matjesrullen to mit den weeken Botterklüten.
Smeer dor ok noch 'n beten Mangoschattneestipp över
un legg de veer Plummen bavenop.

Dien Backaven mutt tweehunnertfiefuntwintig Graad hebben.
Laat dor dien Matjespannen för fofftein Minuten binnen.

Ik weet noch wat:
Du kannst ok den Botterklüten to 'n starken Toback röhren.
Smeer roden Peperslucnbrie op de Matjes — oder röhr
dor 'n beten vun ünner den Botterklüten.
Un doo man so 'n lüerlütt beten roden Peperbrie
in de Plummen!

Nu noch veer weeke Plummen un 'n beten Petersill,
dat schall babenop liggen.

Dor Knäckebroot to, recht wat 'n beten groff
oder Swattbroot un Botter

MATJES UNTERM BUTTERKLOSSTEIG

8 Matjesfilets, gewässert, 8 aufgequollene Backpflaumen,
Mango-Chutneysoße
Butter zum Ausstreichen der Förmchen
4 aufgequollene Backpflaumen und
Petersilie zum Garnieren

Butterkloßteig:
40 g Butter, 50 g Mehl,
beides auf dem Feuer miteinander verrühren.
$1/_8$ l heißes Wasser zufügen und den Teig
zum Butterball abbrennen.
Etwas abkühlen lassen.
1 Ei hineinschlagen.
Alles gut verrühren und mit
Pfeffer und Salz abschmecken.
Grobes Knäckebrot oder dunkles
Vollkornbrot und Butter.
Auf 225 Grad für 15 Minuten im Backofen lassen.

Matjes in 'e Tasch

Hest acht Matjesfilets, de ehr Tiet in Water legen hebbt? Kööp di man en lütt Packen Bläderdeeg ut 'n Jeskassen vun dien Höker; de hett di dor je 'n Barg Delikatessenkraam as Jesklümp för de Lüüd!
„Nee," seggst du, „nee; den Deeg will ik sülms maken".

Na, dennso kiek to:
Hest du 'n half Pund Botter, 'n half Pund Mehl un 'n lüerlütt beten Solt in 't Huus?
Maak di 'n Deeg ut de Botter un hunnert Gramm vun dat Mehl. Mußt em fix dörchkneeden.
(Snippel de Botter vörher in lütte Stücken, denn geiht dat beter).
Nu klopp den Deeg to 'n kantigen Botterklumpen.
Ut den annern lütten Hopen Mehl, de hunnertföfftig Gramm, 'n beten Solt un Water mußt en Deeg kneeden, so fast as dat geiht un denn mußt em to 'n groten Platen utrullen.
Nu pack den Botterklumpen in den Platen as 'n Book in Papier. De ganze Deegklumpen mutt plattrullt warrn, nu rin mit em in 't Jesschapp. He schall kool un hatt sien.
Rull em denn noch tweemaal platt un klapp em wedder tosamen. Hest em denn ok wedder för 'n Tiet in 't Jesschapp hatt, is de Deeg goot; kannst de Taschen utsnieden.

Legg nu man op jede Tasch 'n beten Tomaatenmoos, 'n Zippelschiev, 'n paar Speckstücken, 'n half oder 'n ganz Matjesfilet, Majorann, Tiemijann un Oreganum.

Paß op, Deern! Ik meen:
Ok Machandelberen (to Moos drückt), Tiemijann, Zaween, Lafennel, all tohopen oder Pedersill alleen, dat gifft jümmers 'n annern Smack.

MATJES IN BLÄTTERTEIGTASCHEN

8 Matjesfilets, gewässert,
1 Paket tiefgefrorenen Blätterteig,
Tomatenmark oder 4 frische Tomaten in dicken
Scheiben,
1 mittlere Zwiebel, in Scheiben, geröstet,
50 g durchwachsenen Speck, in Würfeln, geröstet,
Majoran, Thymian, Oreganum, alles reichlich.
Eigelb zum Bestreichen.

Zum Garnieren Zweiglein von Thymian oder
Majoran und Tomatenachtel.

Dazu Gurkensalat mit
Tomatenjoghurt überzogen.

Dicke Scheiben einer frisch aufgeschnittenen,
leicht gesalzenen Schlangengurke.

Klapp de Taschen to, witscher baven 'n beten Geelei över
un legg en lüerlütt Strüüschen Tiemijann ut dien
Gaarn op de Taschen.
Back se all schön geel, legg se op 'n Töller,
tosamen mit Tomaaten.

Dat smeckt goot to 'n Salat vun een Slangengork
un Tomaatenjoghurt.

För düssen Salat mußt de Slangengork in fiene
Schieven snieden. Streih dor 'n beten Solt över.
Röhr Joghurt un Tomaatenketschupp tohopen un geet
dat över de Slangengorkenschieven.

Hest du toveel Deeg un wat över, dennso kannst lütt
Blomen un Krinks utsnieden;
Geelei kümmt bavenop un Zucker,
dat is goot för 'n Köppen Tee.

Hest du Kööm un Solt, is dat goot för 'n Glas Wien.
Hest du Matjes in 'e Tasch, is dat goot för Kööm!
Hest di markt, wat allens in de Taschen kümmt?
Matjesfilets,
Tomaatenmoos oder veer Tomaaten in breede
Schieven sneden,
een Zippel, ok in Schieven,
föfftig Gramm Speck, dörchwussen, in Stücken sneden.
Braad de Zippelschieven un den Speck schöön bruun ut.
Majorann, Tiemijann un Oreganum nich vergeten.

Een Geelei to 'n Overwitschern, 'n Strüüschen Tiemijann.

Een Slangengork,
een lütt Pott vull Joghurt,
Tomaatenketschupp för den Salat.

De Taschen schöllt för twintig bet fiefuntwintig Minuten
in 'n hitten Backaven stahn, bi tweehunnertfiefuntwintig
Graad.

Ik glööv, hier hest du Eva in 't Paradies.
Ik kann mi nich helpen, ik glööv dat!
Man de hoge Herr meent dat anners.

So heet de letzte Matjespann nu:

Matjes un Spitaakel

Ja — Matjes un Spitaakel — dat heff ik hatt,
alltohopen! Ik harr di je eerst utklamuustert,
mien Deern, woans dat so geiht. Weetst noch, Deern,
mien "Feinstes Gericht" ... Man dat hett nich lang duert,
dor hett uns ole Heini-Unkel ut Paris,
(de dor merrenmang de Slömers sitt un man
blots wat vun drögen Biefsteekhack höllt)
düsse Matjespann mit Högen un Vergnögen wegsnabbelt.
He hett seggt: „Leeve, glööv mi, düt fein Reßepp geev
dat noch nienich, in keen Eck vun Paris".
Ik mutt smuustern: Sien Paris is je man blots
in siene lütten Biefsteekflüten! Man denn hett de
Raatskellerwert ok seggt: „Wat!
De hoge Herr will dat nich eten?! Wo kann't angahn.
Na, makt nix — he mutt dat denn maal bi mi eten;
dennso warrt he dat je woll klookkriegen ... " ...
Ja. — Nu heet dat

„Matjes in 't Paradies"

Du, mien Deern, sök di man den Namen ut,
de bi dien Lüüd trechtpaßt.
Sünd dat „Spitaakelmatjes" oder „Paradiesmatjes" bi ju?

Ik glööv, du hest al de acht Matjesfilets praat,
de ehr Tiet in Water legen hebbt.
Nu bruukst du noch för de Stipp:
Dree Geeleier,
twee grote Löpel vull Water,
hunnertföfftig Gramm weeke Botter,
nich hitt, man se mutt loopen,
een Strüüschen Dillenkruut
oder Pedersill,
Zitronensapp,
Peper,
een Klacks Krüderessent,
een oder twee lütte Knuuvlookzippel.

För jede Portschon een Dalerstück Wittbroot,
dat leggst du ünner jede Matjesrull
in de lütten Pött.

Toletzt maak de lütten Pött ok 'n beten smuck
mit Dillenkruut oder Pedersill.

Hest di doch noch fix nee 't Wittbroot oder Toost köfft?
Un Botter höört dor ok to.

Smeer dien lütt Pannen oder Pött mit Botter ut,
legg dat Dalerstück Wittbroot na ünnen
un baben de Matjesrullen op.
Toletzt kümmt dor de Stipp över.

Nu dreih dien Backaven op tweehunnert Graad
un sett de Pött för tein Minuten rin.

MATJES IN GEWÜRZCREME

8 Matjesfilets, gewässert.
3 Eigelb,
2 Eßlöffel Wasser,
150 g geschmolzene Butter,
1 Bund Dill oder Petersilie,
Zitronensaft,
Pfeffer,
Kräuterextrakt,
1–2 Knoblauchzehen,
4–8 (je nach Förmchengröße)
rund geschnittene Weißbrotsockel.
Dill oder Petersilie

Frisches Weißbrot oder
Toast und Butter.

IV

Matjes un Dröóm

De rode Sommernachtsdroom

Hier, meist merren in 't Book,
kümmt de greesige Wahrheit to sitten as 'n
scheepmuulsch Undeert. Matjes un Drööm —
dat sünd Drööm üm Matjes un de Loggerfischeree.
Knapp teihn Jahr sünd in 't Land gahn un narms is mehr
en Logger, de op Heringsfang seilt.
Alle sünd se afwrackt un de olen Kapteins smöökt
ehr Piep oder se sünd noch mit 'n Tanker
op See.
Nu is dat je averst en Wunner mit de Drööm:
Se maalt uns Geschichten un Gesichten in wunnerbar-
schöne Klöören.
Wüllt wi maal kieken?

Hest du acht oder twölf Matjesfilets, de ehr Tiet
in Water legen hebbt?
Dennso kaak maal op 'n lüttjes Füer gaanz suutje
en halvigs Pund Haagebutten (de Keerns utpuult), en
halvigs Pund suer Appeln, schellt un in Stücken,
den Sapp vun een Zitroon un ok wat vun de Schelln,
twee Glöös vull Rootspohn, een Löpel vull Zucker.
Is allens möör kakt, köhl 't af, un snippel dar
en halvige Ingwerplumm twüschenmang.
De Matjes mööt ieskoolt ween un op en Plaat leggt warrn.
Maak ehr mit 'n beten Majonnees smuck, streih en beten
Ingwerpulver över.
Dat Haagebuttenmoos mutt rund üm de Mattjes.

Maak de Plaat recht wat smuck mit Haagebutten
ut 'n Gaarn un Rosenblääd.

Dar kannst du Stutenbroot, Knäckebroot un ok
Swattbroot un Botter to hebben.

MATJES MIT HAGEBUTTENMUS

8 oder 12 Matjesfilets, gewässert,
½ Pfund entkernte Hagebutten,
½ Pfund saure Äpfel, geschält, in Stücken,
Saft von 1 Zitrone,
etwas Zitronenschale,
2 Gläser kräftiger Rotwein (wie zu Glühwein),
1 Löffel Zucker,
alles miteinander schmoren.
½ Ingwerpflaume kleinschneiden und untermischen

Mit Hagebutten und ungespritzten Rosenblättern
garnieren

Weißbrot, Knäcke oder Schwarzbrot mit Butter.

Juni=Freud

Du hest je woll al acht Matjesfilets, de ehr Tiet
in Water legen hebbt. Legg ehr in 't Köhlschapp.

En halvige Slangengork mutt hackstückt warrn, groff
mixt, seggt en ok.
En Taß vull söten, stieven Rahm röhr tohopen mit en
beten Joghurt, mit veel Dillenkruut, den Sapp vun en
halvige Zitroon, een tweidrückte Knuuvlookzippel,
en beten Peper un en lüerlütt beten Solt.

Maak de ieskolen Matjes smuck mit Salatblääd
un Gorkenschieven, mit Zitroonenecken un Dillenkruut.

De Gorkenstipp, de ok en Stoot Tiet in 't Köhlschapp
to stahn weer, kümmt in en Schöttel
blangen bi de Matjes.

Dar sünd Soltkantüffeln fein to oder
Broot un Botter.

MATJES MIT GURKENMUS

8 Matjesfilets, gewässert.
½ Schlangengurke, püriert,
1 Tasse geschlagene, süße Sahne
etwas Joghurt, nach Geschmack,
ein Bund Dill,
½ Zitrone,
1 Knoblauchzehe,
Prise weißen Pfeffer,
Prise Salz

Die eisgekühlten Matjes mit Salatblättern,
Gurkenscheiben, Zitronenecken und Dill garnieren

Das gekühlte Gurkenmus extra servieren

Salzkartoffeln oder Brot und Butter

Wiehnachts-Matjes

Jn de Wiehnachtstiet kannst en ganz besonners gode
Aart vun Matjesrezepp utprööven — 't maakt gar
nich veel Möh! Un düsse Matjes jaagt dien Snööv
un Hosten wiet weg, meist bet nah Jan Mayen.
(Un nu glööv nich, dat ik dien Nahver meen!)

Du hest doch al acht Matjesfilets praat,
de ehr Tiet in Water legen hebbt? Dennso kaak nu
fief Rode Beden week, pell ehr af un riev veer
op 't Rieviesen recht en beten groff. En tachentel
Liter stieven, söten Rahm vermengelleer nu mit
den Sapp vun en halvige Zitroon un 'n beten Moos
vun frischen Mark, jüst so veel, as du 't geern
hest. Nu möhl noch en beten Peper dar över un
legg de Filets, in Stücken sneden, in düsse
scharpe Rahmstipp.
Stell dien Matjesschöttel noch en beten in de
köhlige Spieskamer.

Denn maak de Schöttel trecht mit Zitroonenstücken
un Schieven vun de Rode Bede.

68

MATJES MIT MEERRETTICHRAHM
UND ROTEN BETEN

8 Matjesfilets, gewässert.
5 gekochte Rote Beten,
davon 4 grob raffeln, 1 zum Garnieren,
⅛ l Sahne, steifschlagen,
½ Zitrone,
Meerrettich, frisch gerieben,
etwas Pfeffer, frisch gemahlen.

Die Matjesfilets in Portionsstücke schneiden,
alle übrigen Zutaten miteinander mischen.
Die Matjesschüssel kühlstellen.

Mit Zitronenecken und Scheiben von Roter Bete
garnieren.

Salzkartoffeln, Pellkartoffeln, Weißbrot
oder Schwarzbrot und Butter

De grote Admiral

Du bruukst acht Matjesfilets, de ehr Tiet in Water legen hebbt.

Den Avend vörher muttst du al vun acht grote, dröge Plummen den Steen utpuulen un de Plummen denn in Gin leggen. An 'n annern Morn rullst du jümmers een Matjesfilet üm een vun de Plummen un stellst ehr oprecht op 'n Plaat. Denn kannst noch en beten Gin över de Matjes drüppeln, bet dat du marken deihst: Sühso, se sünd besapen.

Laat ehr nu en paar Stünnen tofreden.

Denn maak ehr smuck mit Admiralshööd vun stieven, söten Rahm; möhl en beten Wachhollerbeern un swatten Peper över un drüppel en beten Zitroonensapp över.

Dar höört swattes Broot to, recht wat groff, oder Knäckebroot un Botter.

Dat gifft ok noch en, dat is

De lüttje Admiral

Magst wat vun em höörn, mien Deern? Vör Jahrn weer he de Grote, man denn müß he dat Kommando afgeven; darüm sitt he nu jümmers mit 'n roden Kopp dar un gruvelt: sien Kopp is en vun de lüttsten Tomaaten.

Pell acht lüttje Tomaten af, pekel ehr vun alle Sieden un drüppel denn ok en beten Gin över. Laat de Gin= Tomaaten över Nacht köhl stahn.

Den annern Dag rull jümmers een Matjesfilet üm een Tomaat, stell de Rullen oprecht in de Schöttel un drüppel den Tomaaten=Gin över de Matjes. Ok de lüttje Admiral hett en Hoot vun stieven, söten Rahm mit Wachhollerbeern= un Peperbrösel.

MATJES MIT BACKPFLAUMEN
UND GIN

8 Matjesfilets, gewässert.
8 große, entkernte, Pflaumen am Abend vorher
in Gin einlegen.
Je ein Matjesfilet um eine Backpflaume wickeln,
aufrecht stellen und noch ein wenig mit Gin
beträufeln.

Mit steifer, süßer Sahne spritzen,
Wachholderbeeren und schwarzen Pfeffer
durchmahlen und überstreuen.
Etwas Zitronensaft.

Grobes Schwarzbrot, Knäckebrot und Butter.

Matjes un 'n Söten ...

„Matjes un 'n Söten,
sünst mag uns Vadder nich eten",
hett maal en lüttje Deern heel vergnöögt sungen.
Jüst so vergnöögt, as de Deern utseeg mit ehrn
smüüstergrientjern Mund, so süht ok düsse
Matjesschöttel ut.

Acht Matjesfilets, de ehr Tiet in Water legen hebbt,
de sünd woll al praat, mien Deern?

Du bruukst den Sapp vun twee oder dree Zitroonen
un en beten Water to, so dat 't een Taß vull is.
Anderthalvig Tassen vull roden Johannisbeersapp
un den Sapp vun twee Appelsinas bruukst du ok.
Nu kaak in düssen Sapp acht Haagebutten, bi de du
de Keerns utpuult hest, söß Nägelnköpp,
söß witte Peperköörn, en beten Ingwerpulver, de Schelln
vun 'n halvige Appelsina un 'n Stücken Zitroonenschell
un en groten Löpel vull bruunen Zucker.

Düsse Marinaad laat maal köhlig warrn. Denn legg
de Matjes in de Kruuk un geet de Marinaad dar över.

Stell dien Kruuk recht wat koolt för 'n Veeruntwintig=
stünnstiet. Denn hebbt de Matjes den rechten Smack.

Maak de Kruuk smuck mit de Schieven vun en Appelsina.

Dar kannst Vullkoornbroot to nehmen oder Knäckebroot
oder Stutenbroot un Botter.

MATJES IN FRUCHTMARINADE

8 Matjesfilets, gewässert.
Saft von 2 bis 3 Zitronen, mit Wasser
zu einer Tasse voll auffüllen,
1½ Tassen roten Johannisbeersaft,
Saft von 2 Apfelsinen.
Zu diesem Saft 8 entkernte Hagebutten,
6 Nelken,
6 weiße Pfefferkörner,
etwas Ingwerpulver,
Schale von einer ungespritzten Apfelsine,
ein Stück Zitronenschale,
1 Eßlöffel brauner Zucker.

Diese Zutaten zu einer Marinade kochen

In die abgekühlte Marinade die Matjes einlegen,
kühlstellen

Mit Apfelsinenscheiben garnieren

Vollkornbrot oder Knäckebrot oder Weißbrot und
Butter

Matjes in de Masch

Wat hebbt wi doch allns Feines in de Masch!
Chinakohl vun 't Feld, Krüüder ut 'n Gaarn un
vun rundüm, Schampienjongs vun de Weiden.
Un hebbt wi nich ok goden Schinken, Botter un Broot?
Noordseekrabben un Matjes sünd ok nich wiet weg.
Un so gifft dat ok en feine Matjesschöttel in de Masch.

Dar hest du al acht Matjes, de ehr Tiet in Water
legen hebbt.

Nu bruukst du hunnert Gramm Noordsee=Krabben, hunnert
hunnert Gramm Gröönland=Krabben,
hunnert Gramm Katenschinken, den Du in gaanz lüttje
Stücken snippelst, hunnert Gramm Schampienjongs
vun 'e Weid, en Strüüschen Krüüder, as dar is
Pedersill, Dillenkruut, Gorkenkruut, Beeschlook,
Draggunn, Suuramper, Mardelblööm (nu ward de Lüüd
je woll glieks böös: 'keen itt denn woll Grööntüüg
vun 'e Weiden!? Man ja, se hebbt en bannig zarten
Smack, de lüttsten grönen Mardelknubben),
en lüttje Schalott.

Röhr en Marinaad vun den Sapp vun en halvige Zitroon,
twee oder dree grote Löpel vun Sünnblööm=Ööl,
en beten Appel=Etig, de Krüder un en beten witten Peper.

Dar legg nu de Matjes in Stücken rin för en
Tweestünnstiet.

En lütten Kopp Chinakohl oder anner Grööntüüg, wat
se „Iesbarg=Salat" nöömt, waschen un in veer Deel
opsnieden. Denn twee oder dree grote Blääd ünnen
op dien veer Töller leggen. De Schampienjongs muttst
Du in Schieven snieden un glieks Zitroonensapp
överdrüppeln. Denn deel de Krabben op, dat jeedeen

Töller wat kriggt, den Schinken ok un denn de Matjes
mit de Marinaad dar to un de Schampienjongs.

Maak de Töller noch recht en beten wat smuck mit
Krabben, en lüttjen Schampienjonghoot
un Pedersill.

Dar sünd lüttje Roggenbrööd fein to oder Knäckebroot,
ok Swattbroot un Botter.

MATJES IM GRÜNEN

8 Matjesfilets, gewässert
½ Zitrone,
2—3 Eßlöffel Sonnenblumenöl,
etwas Apfelessig,
Prise Pfeffer.
Von diesen Zutaten eine Marinade rühren.
100 g Nordseekrabben,
100 g Grönlandkrabben,
100 g Katenschinken, gewürfelt,
100 g Champignons, in Scheiben, mit Zitronensaft
beträufelt,
Kräutersträußchen,
1 Schalotte.
1 kleinen Kopf Chinakohl oder Eisbergsalat
vierteln und auf Portionsteller verteilen.

Alle Zutaten mit der Marinade vermengen

Teller mit Krabben, Kräutern und einem
Champignonhut garnieren

Roggenbrötchen, Knäckebrot
oder Schwarzbrot und Butter

Matjes-Adjes

Kannst ok eenfach „Tschüß, Matjes" seggen,
mien Deern. Denn för düt Rezepp stah ik bloots in,
wenn du Glückstädter Matjes hest.
Hest du de averst würkli, dennso maak dien lüttjen
Pött maal wedder praat, smeer veer mit en beten
Botter ut.

Hest du veer Matjesfilets, de ehr Tiet in Water
legen hebbt, al trecht?

Nu bruukst du twee Cox-Orange-Appeln, schell ehr
un snied ehr in Stücken; twee Ingwerplummen, de in
Zuckersirup inleggt weern, de muttst du ok in
Stücken snieden. Denn bruukst du den Sapp vun en
halvige Zitroon, un veer grote Löpel vull
söten Rahm.
Dreih de Matjes üm twee Finger un stell jeedeen
oprecht in en Pott. Dennso stopp de Matjesrullen
mit Appel- un Ingwerstücken ut, drüppel en beten
Zitroonensapp över un för jeedeen Pott noch
een Löpel vull söten Rahm.

Dien Backaven mutt tweehunnertfiefundtwintig Graad
hebben. Sett dar dien Matjespött för teihn Minuten rin.

Du kannst denn en Strüüschen Zitroonenmelissenkruut
blangen de Töller mit de lüttjen Matjespött leggen,
wenn düt feine Kruut jüst in dien Gaarn wassen deiht.

Dar is Wittbroot oder Stutenbroot un Botter dat Best to.

HEISSE INGWER-MATJES

4 Matjesfilets, gewässert,
2 Cox Orange,
2 eingelegte Ingwerpflaumen,
Saft von ½ Zitrone,
4 Eßlöffel süße Sahne.

Auf 225 Grad für 10 Minuten im Backofen
schmoren lassen

Auf die Teller mit den heißen Matjestöpfchen
kleine Sträuße Zitronenmelisse legen

Toastbrot oder Weißbrot mit Butter

77

De Nöötkönig

D u bruukst acht Matjesfilets, de ehr Tiet in Water
legen hebbt, mien Deern.

Denn röhr di een Taß vull beste Majonnees tohopen
mit den Sapp vun en halvige Zitroon. Un denn höört
dar een lüttsnippelt Knuuvlookzippel to un een Löpel
vun 't beste Olivenööl (oder Nöötööl). Viellicht
magst ok geern noch en beten stieven, söten Rahm
to geven? Un nu röhr dar hunnert Gramm Wallnööt
twüschenmang, de du in lüttje Stücken tweihackt hest.
Legg de Matjes op en groten Töller un deck ehr
mit de Wallnöötmajonnees to.

Maak den Töller smuck mit Salatblääd un Wallnööt.

Dar kannst Soltkantüffeln to hebben oder ok
Roggenbroot un Botter.

MATJES IN NUSSMAYONNAISE

8 Matjesfilets, gewässert
1 Tasse feinste Mayonnaise,
Saft von ½ Zitrone,
1 zerdrückte Knoblauchzehe,
1 Eßlöffel bestes Oliven-
oder Nußöl,
evtl. etwas steife, süße Sahne,
100 g kleingehackte Walnüsse

Mit grünen Salatblättern
und Walnußhälften garnieren

Salzkartoffeln oder Roggenbrot und Butter

De sachte Fortuna

Weer dat nich bannig to 'n Verwunnern, wenn in
en Book, wat in Glückstadt drückt worrn is un wat
vun fein Eten un vun Drööm vertellt, wat dar nich
tominnst en lütt Enn vun de Sleuers vun de leevliche
Fortuna hendörchweiht?
Hier is de söte Deern al sülms: De sachte Fortuna
hett en Schemer vun Aprikoosen= un Mirabellenfarv
üm sick rüm un op ehr fienen Sleuers. Wat süht se
doch smuck ut, so zart un fien!
Un düsse Matjes sünd so herrlich op de Tung, dar
kannst du geern twölf Matjesfilets to bruuken.
De mööt ehr Tiet in Water liggen.

Nu snied en halvige Zitroon in Schieven, wenn du ehr
goot affschellt hest, un kaak ehr mit en lütt beten
Water tohopen mit een groten Löpel vull bruunen Zucker.
Sünd se denn affköhlt, snied ehr in smucke Dreekantstücken.

Röhr twee Tassen Majonnees vun de fienste Aart tohopen
mit een Taß vull söten, stieven Rahm, mit veer grote
Löpel vull Aprikoosensirup, een oder twee lüttje Löpel
vull Draggunn=Blääd. Dar kaamt nu veer möör kaakte
Aprikoosen, in Stücken sneden, to un lüttje geele
Eierplummen, so twee Tassen vull (de Steen laat buten!).
Un denn mööt dar noch de Zitroonenstücken to.

Maak de Matjesschöttel smuck mit Draggunn=Blääd un legg
veel Aprikoosenstücken in 'n Krink rundüm, jüst as
de Sleuers vun de leevliche Fortuna.

MATJES MIT MIRABELLEN-MAYONNAISE

12 Matjesfilets, gewässert
½ Zitrone, in Scheiben und Segmente geschnitten,
in etwas Wasser mit 1 Eßlöffel braunem Zucker
geschmort, abkühlen lassen,
2 Tassen feinste Mayonnaise,
1 Tasse steife, süße Sahne,
4 Eßlöffel Aprikosensirup,
1—2 Teelöffel Esdragon,
4 geschmorte Aprikosen,
2 Tassen Mirabellen

Mit Esdragonzweiglein und Aprikosenschnitzen
garnieren

Weißbrot, Toast oder Knäcke mit Butter

Wat dat sünst noch gifft

Dat du vergrellt büst, mien Deern,
wenn du toeerst all de schönen Matjes
bi dat Utenannerdeelen tweirittst,
ja, dat kann ik mi all dinken.

Tucks nich lang rüm:
So lang, Deern, as du de Matjes mit Möh utenannerpuulst
un vun so en armen Stackel vun Matjes nich twee Filets,
nee — negen Palten twüschen dien Finger hest,
so lang kannst ok Labskaus mit Matjes maken.
(Annerwegens is dat je 'n grote Sünn;
uns feine Glückstädter Matjes sünd warrafdi to schaad,
dat en se to Moos vermurksen deiht!)

Lüttjens' Labskaus

Twee Pund Ossenfleesch ahn Knaken, pökelt,
een Pund Zippeln,
fief swatte Peperkoorns,
fief witte Peperkoorns,
twee oder dree Pund Kantüffeln,
een Pund Rode Beden,
all dien Matjespalten to.

Haal ut dien Spieskamer de Kruuk mit
„Moder Hedes Suurmatjes"
un de Kruuk „Suur Rode Beden",
denn sett dor 'n Schöttel suur Zippeln to un ok Eier,
soveel, as du Lüüd an 'n Disch sitten hest.

Kaak dat Ossenfleesch, de Zippeln, de Peperköörn
tohopen in 'n groten Pott vull Water
för 'n Twee= oder Dreestünnstiet.
Blangenbi kaak di de Pellkantüffeln un de Roden Beden.
Sünd se goot, pell se all af. Nu dreih allens tohopen
dörch 'n Fleeschwolf, tosamen mit de Matjespalten.

Braad de Eier in 'e Pann, legg se as 'n smucke
Botterbloom op dat Labskaus. Blangenbi stell wat vun
„Moder Hedes Suurmatjes", Rode Beden in Suur
un Suurzippeln.

Kiek: Nu hest 'n goot Meddag=Eten för 'n Hopen Lüüd.

Ja, mien Deern, dor heff ik noch en Reßepp, dat letzte;
un dat steiht nu as 'n Klinkenputzer achter de Döör.

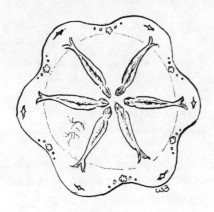

LABSKAUS AUS MATJESSTÜCKEN

2 Pfund gepökeltes Ochsenfleisch
ohne Knochen,
1 Pfund Zwiebeln,
5 schwarze Pfefferkörner,
5 weiße Pfefferkörner,
2–3 Pfund Kartoffeln,
1 Pfund Rote Bete,
Matjesstückchen.

Matjes för 'n Grandmonarch

Wat en "grand monarch" is, weet se all. Man en
Grandmonarch ut Sleswig=Holsteen —
dat weet wi alleen.
Un mien lütt Kinner glöövt dat al garnich mehr,
wieldat se ehr Leevdaag keeneen vun düsse Grandmonarchen
sehn hebbt.
Du, mien Deern, de hoge Herr un ik, wi weet dat noch:
So en ool schetterig Mannsbild mit aflatscht Stevel un
Placken op de Bür, en olen Övertrecker to (de grote,
utbüdelt Taschen harr), dörch den de Winn huulen deen
un den Kerl so asig över 'n Rüüch suusen kunnen,
dat he jümmers 'n Lütten in de Buddel hebben müß
— dat weer „uns Grandmonarch".

De Supp kreeg he vun de goden Lüüd un sien Tüüg ok.
Man blots sien Kater, den harr he ut sik sülvens.
Un: „Hest 'n Katt, denn bruukt se ok wat!" So 'n groten

Kater vun 'n Grandmonarch, de würd ni eher schöön,
as de Kerl 'n Matjes in 'n Liev kreeg. He müß em man
bloots aftrecken, sik den Matjes üm de Nees sicheln, denn
mit 'n „Rrrtsch!" afbieten vun 'n Steert un nu dal mit em!
So dee dat en Grandmonarch vun de Westküst — glööv ik.
De vun de anner Siet, vun de Oostküst, de trock den
Matjes ok af; man denn hett he sik den Matjes üm
sien Hals oder över de Bost leggt. Dat weer so 'n rechte Hölp
bi Küll, Freeren un Feever …
Wat meenst du, Deern, döggt dat letzte Reßepp woll wat??

Wenn di mien Vertellen vun Matjes jüst nu keen Höög
makt hett, kannst dat holen as uns ool Hans=Unkel:
Keem ik op 'n Weg na de Hoge School bi em vörbi,
geev dat jümmers Kaffie un Koken oder Snuten un Poten;
leev Tant harr jümmers wat to eten, wenn de „arme,
verhungerte Deern" keem. Un för dat wüß ik jümmers wat
Nees to vertellen för Hans=Unkel un Lies'chen=Tant.
Wat harrn se Freid, so düt un dat abasig Belevnis to hören!
„Nee, och Gott, nee, —", füng dat an.
„Nee, ochnee=ochnee=ochnee!" (Un se smuustergrienen all beid).
„Deern, Deern, du magst dat ok doon!" (Lies'chen=Tant
knieper sik dat Water ut 'e Oogen un lacht).
„Oh, oh Dunnerslag!" (Hans=Unkel klopp sik de Knee
bi 't Pruustern.
„Du, dat — dat gifft 't doch nich!" Un se wörrn beid 'n
beten nahdenkern).
„Segg maal, stimmt dat ok? Wat?" (Ik wull nich antern).
„Deern! Deern!" (Droh sien ganz deepe Stimm).
Un miteens kreegen se beid grote Oogen, keeken mi düster an
un he gnarr kort: „Nee! Du lüggst!"
„Ja." Heff ik jümmers seggt un heff smustert.
Dor is denn — batz! all Fraagen na de Waarheit ünner
'n Disch suust. Un wi hebbt alltohopen Spaaß hatt:
Hans=Unkel un Lies'chen=Tant hebbt gnuddert,
wat ik jüm an 'e Nees rümföhrt heff. Ik heff mi höögt,
wat ik dat al wedder trechtkregen harr.—

Du, mien Deern, du bruukst mi ok húút
nix, affluuts nix to glööven.
Man bloots dút een:

Matjes
gifft dat in
Glückstadt
witß un wahrhaftig!

Süh so, Deern, dat wull ik di vertellen — nu bún ik
toenn mit mien Snackeree.

Kiek, de Matjes!
Seggt dien Ogen nu ok: Wat 'n schöönen Fisch so
'n Matjes doch is!?
Süht he nich ut as Land un Heven achtern Diek, wenn dat
grote Spreien vun de Avendsünn op de Wischen blöht,
de Elv langsstrakelt un de gollen Gloot tosamen mit dat
gröne Water in lúttje Flúnken juchheit?
Gröön un Gollen, ja, dat súnd de Farven vun uns Matjes.
Dat blanke Súlver vun 'n Heern is so suutje to Gold
verwannelt worrn. Ut Solt un Dúústern in 'e Kantjes
kaamt toletzt nu dúffe feinen, smucken Goldmatjes rut.
Snúffel maal!
Seggt dien Nees nu: Dor, en Ruch vun de leeven Matjes!?
Dat púústert as de Lucht vun de See, en beten solten un
scharp. Veel, veel lúerlútt Ruchs weihn dor tosamen, as
vun natte Tampen, Tang, swattet Holt un de geelen, blauen

un lilla Strandblööm, allens tohopen, wat de
neescherigen Bülgen an 'n Strand dörenannerwarveln
köönt. En Ruch vun düt all küselt tosamen un ficheltt üm
dien Nees, wenn du Matjes in 'e Köök hest.
Ik weet, ik weet! Sien Ruch warrt ek licht maal bannig
dull! Denn sliekert he dörch dat ganze Huus,
hett de Köökfch tofaten un weiht noch ut ehr letzt' Zoppenn;
dat is, as harr se ehr Leevdaag man bloots jümmers
mang de Matjestünnen seten.
De Ruch is swaar to verknuusen, ik weet.
Man — kümmt een vun 'n Binnenland maal an de See
bi so 'n rechten Storm, dennfo warrt he ok ümfmeten.
He warrt viellicht all sien Daag vertellen,
wat 'n greesig Undeert dat Weder an 'e See is,
wat grugelig un nich uttoholen.
Na, fegg maal — wi kennt doch 'n Barg Lüüd, de ehr Nees
jüft bi Storm ut 'n Huus reckt un na buten afklabaftert
un för 'n lang Stünnstiet ünnerwegens blievt.
Mit 'n rode Snuut kaamt se trüch,
hebbt dat Lachen in 'e Oogen un vertellt,
wo wunnerbar dat Wedder buten west is.
Jüft so is dat bi uns Matjes=Eten. Dor huult en Storm,
de Ruch vun veel Matjes. Man mit 'n Ruch kümmt
dat Eten — un dat is denn doch rein 'n Gottsgaav;
wi kriegt dat Lachen in de Oogen, wenn de Ruch
op uns dalfuust...

Nu legg ik mien Pofenfteel in 't Schapp un warr na Köök
gahn. Heft ok 'n Jeeper op Matjes kregen?
Mi is al wedder dat Water op de Tung tofamenlopen.
In mien Spieskamer fteiht al de grote, blaue Schöttel
vull Matjes in Bottermelk.
Vunavend kann de hoge Herr tohuus blieven, hett he seggt.
Is goot. Dat gifft „Matjes in de Blöhtiet"
oder wüllt wi en lütt „Krüderpann" hebben?
Wi wüllt maal kieken. Tööv af.
Mi dücht, dor hett een fien Nüdelkaffen ünner 'n Lütten
Swibbogen bi 't Raathuus dreiht:

„Dol Hinnerk, treck de Tüffeln ut
Un loop gau na den Haven rut!
Een Logger kümmt vun See torüch
mit Matjes vull bit an 'e Brüch.
Matjes, fidebum,
dor eet ik mi an dumm ..."

Kiek an, de hoge Herr kümmt al ansteevelt un hett so 'n
abasig Smüüstern ünner sien grote Nees:
He hett mien Matjes woll al roken.

Ja, ja — nu loop ik fix na Köök!

Adjüs, mien Deern!

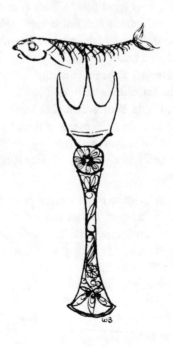

Nu kümmt 'n kort Breef achteran,
wieldat du mi schreven hest,
dat du nu ok 'n lütten Gaarn hest.

Paß goot op, mien Deern. Dat gifft 'n Hopen Kruut,
wat du vun dien Nees op eenstachentig nienich ankeken hest.
Ik weet woll, wat du as lütte Deern mit dien lütten
Holger=Nahver plant un buddelt hest! Man dat weern de
dösigen, dicken lilla Voßsteerten, lütte Jumpfer=in=Gröön,
de snaakschen Slaapmüssen un 'n lütten, scheven,
wildwussen Dannenboom, den ji klaut hebbt ut Landraats
Gaarn. (Wees man still, ik heff je ok af un an dörch de
Wieren na de roden Netteln un de smucken geelen
Zittlööschen angelt.
't weer je ok to un to angreepsch dor).

Ja, de Saat vun so 'n „Kreihenschiet" — as ik dacht heff —
dat weer dien Saak. Wieldeß ik na de Lüüs un de
Miegemmen an 'e Flederbeerbööm kieken dee. Un later to
heff ik de Blääd vun 'e groten Netteln, de Goosblööm,
Hunneblööm, de Blääd vun 't Schaapskruut un de suuren
Donnerblääd to 'n egen Salatkompositschon fiensnippelt.
Dien Tütenblööm, de jümmers dat beste Utsehen glieks
to 'n Anfang — ik meen: afdruckt op 't Papier — harrn,
de wussen to swaar mit all den geelen Sand ünner ehr
Fööt.
Wat hest du jümmers Arger hatt mit dien Gaarn!
Ik harr je ok Arger! Man denn heff ik dat afännert.
As de letzt Teeroos to 'n Düvel weer un man bloots överall
de langen Talgen mit de lütten, rosa Wiepeldoornblööm
rutwassen deen, dor bün ik na de Wischen gahn,
rünner an 'e Trav' un heff plückt un söcht un ankeken,
wat dor so liesen un lütt un sööt twüschen Gras un Moß
rutkieken kunn.
Vun lüttje Planten un Krüder heff ik mehr to sehn
un to weten kregen as du, mien Deern.
Man dat makt je rein garnix. So kann ik di dor je wat
vun vertellen, ik doo 't je geern.

För all dien Matjespött kannst 'n Hopen Krüder bruuken.
Nu kööp di man de lütten Saatbüdels wedder as fröher:
Dillenkruut, Pedersill, Beeschlook un grönen Salat;
ok Draggunn un Puutoogen köönt in dien Gaarn wassen
un blöhen.
Tiemijann, Majorann, Zaween un Lafennel kannst
bi 'n Garner kregen.
Paprika, Knuuvlook, Körrie, ok Zippeln, Oreganum
un Rosmarin mußt dröög bi 'n Höker köpen.
De Machandelbööm waßt op de Wischen bi 'n
„Kaspelskopf", de lüttje Tiemijann ok, kannst nakieken.
Un hest du denn toveel Krüder ut dien Saatbüdels,
dennso plant di wat op dien Balkong. Dat gifft 'n groten
Staat af, segg ik di! Hest du geern Immen dicht bi di,
denn plant di man de sööten blauen Puutoogen vör de Nees.
De bringt Musik an 't Huus!
All dat Kruut warrt je veel beter anwassen dor bi di
in de warme Sünn as bi uns. Ik glööv, du hest dat
anner Jahr sowat as 'n Allee vun Dillenkruut
un Draggunn.

Ja: Un wieldat du op Matjes ut Glückstadt töövst,
könnt wi düssen Tuusch maken:
Du schickst mi vun dien Krüder un ik di wat vun uns Matjes.
Wüllt wi dat maken, mien Deern?

Dat mutt en Kööksch woll weten, sünst gifft 't 'n Struntjer-Eten!

Asparstippen — Spargelspitzen
Beeschlook — Schnittlauch
Deeg — Teig
Dillenkruut — Dillblätter
Dröge Plumm — Trockenpflaume
Draggunn — Esdragon
Etig — Essig
Gorkenkruut (Puutoogenblööm) —
    Borretsch, Gurkenkraut
Heern — Heringe
Kajennpeper — Cayennepfeffer
Kappern — Kapern
Knuuvlook — Knoblauch
Knuuvlookzippel — Knoblauchzehe
Körvel — Kerbel
Körrie — Curry
Köömen — Kümmelkörner
Kööm — Klarer, Aquavit
Krüderessent — Kräuteressenz
Lafennel — Lavendel
Lorbeerblääd — Lorbeerblätter
Machandelberen — Wachholderbeeren
Majorann — Majoran
Mango-Schattneestipp — Mango-Chutneysoße
Nägelnköpp — Gewürznelken
Peper — Pfeffer, gemahlen
Peperköörn — Pfefferkörner
Peperbrie, Pepermoos, Pepersluenbrie — Pfefferschotenmus
Puutoogen — Borretsch
Reßepp — Rezept
Schampienjongs — Champignons
Slangengork — Schlangengurke
Strüüschen — kleiner Strauß
Tabascopeperstipp — Tabasco
Tiemijann — Thymian
Wienetig — Weinessig
Zaween — Salbei
Zippel — Zwiebel

93

Wat in düt Book steiht!

Von Nixen, Matjes und Loggern und von der
Freude, die aufsteigt, wenn alle Logger
heil von See zurückkehren   5

Un so geiht dat Vergnögen nu los
Vorarbeiten für das Matjesessen 15

Matjes un Beer, mit'n Kööm achterher

Matjes un gröne Bohnen mit Speckstipp un Kantüffeln
Matjes, grüne Bohnen, Specksoße und Kartoffeln   18

Friedags-Eten
Matjes mit Quark 20

Matjes, Mark un söten Rohm
Matjes mit Meerrettichsahne 22

Matjes in Suurrohm
Matjes in Sauerrahm 24

Matjes in Suur as bi Moder Hede
Matjes in Essig 26

Grootvadders Matjes
Matjes in Rotweinmarinade 28

Matjes in de Blöhtiet
Matjes Vinaigrette 30

Matjes-Takelaasch
Matjes auf grünen Gurken 32

Matjes für den hogen Herrn
Matjes in Cognac 34

Matjes un Wien

Matjes in Körriemajonees
Matjes in Currymayonnaise 38

Matjes för 'n olen Seedüvel
Scharfe Matjesmayonnaise 40

Matjes bi Madam
Frischer Matjessalat 42

Wiebkes Droom
Ananasmatjes 44

Margrethenpott
Margrethenschüssel 46

Matjes ut 'e Pann un denn Kööm achterran

Krüderpann
Matjes mit Kräutern 52

Matjes ünner 'n Botterklüten
Matjes unterm Butterkloßteig 54

Matjes in 'e Tasch
Matjes in Blätterteigtaschen 56

Matjes un Spitaakel — Paaradiesmatjes
Matjes in Gewürzcreme 60

Matjes un Drööm

De rode Sommernachtsdroom
Matjes mit Hagebuttenmus 65

Juni-Freud
Matjes mit Gurkenmus 67

Wiehnachts-Matjes
Matjes mit Meerrettichrahm und Roten Beten . . 69

De grote Admiral
Matjes mit Backpflaumen und Gin 71

Matjes un 'n Söten ...
Matjes in Fruchtmarinade 73

Matjes in de Masch
Matjes im Grünen 75

Matjes=Abjes
Heiße Ingwer-Matjes 77

De Nöötkönig
Matjes in Nußmayonnaise 79

De sachte Fortuna
Matjes mit Mirabellenmayonnaise 81

Wat dat sünst noch gifft

Lüttjens Labskaus
Labskaus aus Matjesstücken 85

Matjes för 'n Grandmonarch
Matjes für Landstreicher 86

Krüder för all de Matjesschötteln. Ut uns Kinnertiet
Über verschiedene Kräuter als Zutaten 91

Dat mutt en Köökfch woll weten,
sünst gifft 't 'n Struntjer=Eten

Wörterverzeichnis 93